Mon plus bel album de phrases illustrées

Texte de
Chantal Lacourcière
Kenny

Illustrations de
Linda Hendry

Les éditions Scholastic

Pour Liam, Padraig, Brigitte et François – C.L.K.

ISBN 0-439-00484-5

Titre original : The Kids Can Press French & English Phrase Book

Révision de Linda Biesenthal
Conception graphique de Julia Naimska

Édition française publiée par Les éditions Scholastic,
175, Hillmount Road, Markham (Ontario) L6C 1Z7,
avec la permission de Kids Can Press Ltd.

4 3 2   Imprimé à Hong-Kong   0 1 2 3 4 / 0

Table des matières

Bonjour! Ça va?

Je m'appelle Rose Martin.

Voici mon quartier.

J'ai huit ans.

Je porte des lunettes.

Mon chien s'appelle Miko.

Miko porte un foulard.

J'aime faire de la bicyclette.

J'habite en ville.

Ma maison est petite.

Le chat est dans l'arbre.

Des filles jouent à la marelle.

La planche à roulettes est sur le trottoir.

Je te présente ma famille

Ma mère s'appelle Marguerite.

Elle est musicienne.

Mon père s'appelle Maurice.

Il est pompier.

J'ai un frère.

Il s'appelle Jordan.

Il aime jouer avec ses dinosaures.

Mon oncle et ma tante habitent à la campagne.

Mon grand-père est canadien.

Ma grand-mère est née en Martinique.

Marie-Paule et Paulette sont mes cousines.

Miko est mon meilleur ami.

À la maison

La famille est dans la cuisine.

Aujourd'hui, c'est samedi.

C'est l'anniversaire de grand-mère.

Il y a des dessins sur le réfrigérateur.

Papa fait un gâteau au chocolat.

Jordan est à genoux sur la chaise.

Il mélange le sucre et le beurre.

Miko regarde la télé!

Maman s'exerce au violon.

C'est sa chanson favorite.

Rose gonfle un ballon.

Les raisins sont sur la table.

9

Le magasin de fruits et de légumes

Les Martin font des courses.

Vous désirez?

Rose aime le jus d'orange.

La laitue est verte.

Les pommes de terre sont dans le panier.

Les radis sont rouges.

Miko attend dehors.

Les bananes sont jaunes.

Combien coûtent les framboises?

Les fleurs sont belles.

Regarde ce gros concombre!

Les oignons sont à côté des tomates.

La librairie du coin

L'homme achète une revue.

Toute la famille est dans la librairie.

Madame Martin veut un livre sur les animaux.

Rose cherche un cadeau pour sa grand-mère.

Les livres sont sur les rayons.

Jordan aime le dictionnaire.

Miko aime le caniche.

Monsieur Martin est près de la porte.

Ce magasin vend aussi des DC et des vidéocassettes.

Il y a beaucoup de livres.

La femme porte une belle robe.

Les enfants écoutent une histoire.

Bon anniversaire, grand-mère!

Grand-maman ouvre un cadeau.

Maman verse un verre de limonade.

Papa prend une photo.

Il y a des bougies sur le gâteau.

Oncle Michel porte un tablier.

Il fait cuire des hamburgers.

Il y a des ballons sur la balançoire.

Tante Maria est enceinte.

Jordan regarde le papillon.

Les enfants font des bulles.

Miko joue dans le jardin.

Marie-Paule et Paulette sont jumelles.

À l'école

Il est 8 h 30.

Tout le monde arrive de bonne heure.

L'auto est stationnée devant l'école.

Les parents attendent à l'extérieur de l'école.

L'élève va à l'école à pied.

La petite fille est assise dans le chariot.

Madame Martin serre Jordan dans ses bras.

La directrice flatte Miko.

Le professeur regarde par la fenêtre.

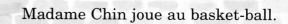
Madame Chin joue au basket-ball.

Les enfants jouent à la balle.

Le sac à dos est à côté de la fontaine.

Les enfants sautent à la corde.

Rose parle avec son ami, Salim.

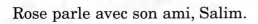

Salim est en fauteuil roulant.

Bienvenue dans notre classe!

Voici la salle de classe de Jordan.

Monsieur McPherson joue de la guitare.

Un groupe d'enfants chante.

Les enfants aiment se déguiser.

Jordan est dans le coin de lecture.

Il lit un livre.

Aujourd'hui, c'est lundi.

Le garçon travaille à l'ordinateur.

La fille fait du coloriage.

Daniel range le casse-tête.

La règle est sur le bureau du professeur.

Voilà la poubelle.

19

Le terrain de soccer

L'entraîneuse pousse des hourras.

Les enfants jouent au soccer.

Rose court après le ballon.

Deux joueurs courent après Rose.

L'équipe de Rose porte des chandails rouges.

Il y a un, deux, trois, quatre, cinq, six, sept, huit, neuf, dix, onze, douze joueurs.

Le ballon est en l'air.

C'est un match nul.

Le numéro un est gardien de but.

Le numéro six est devant le but.

L'arbitre donne un coup de sifflet.

Jordan joue à cache-cache avec Miko.

Chez le docteur

Voici le bureau de docteure Bernstein.

Les patients sont dans la salle d'attente.

L'adolescent a la jambe cassée.

Il marche avec des béquilles.

La fille a mal à la tête.

Peter a la varicelle.

L'infirmière est petite.

Docteure Bernstein est grande.

Rose a mal à la cheville.

Le bébé pleure.

Jordan tient la main de sa sœur.

Le garçon est blessé à l'épaule.

En ville

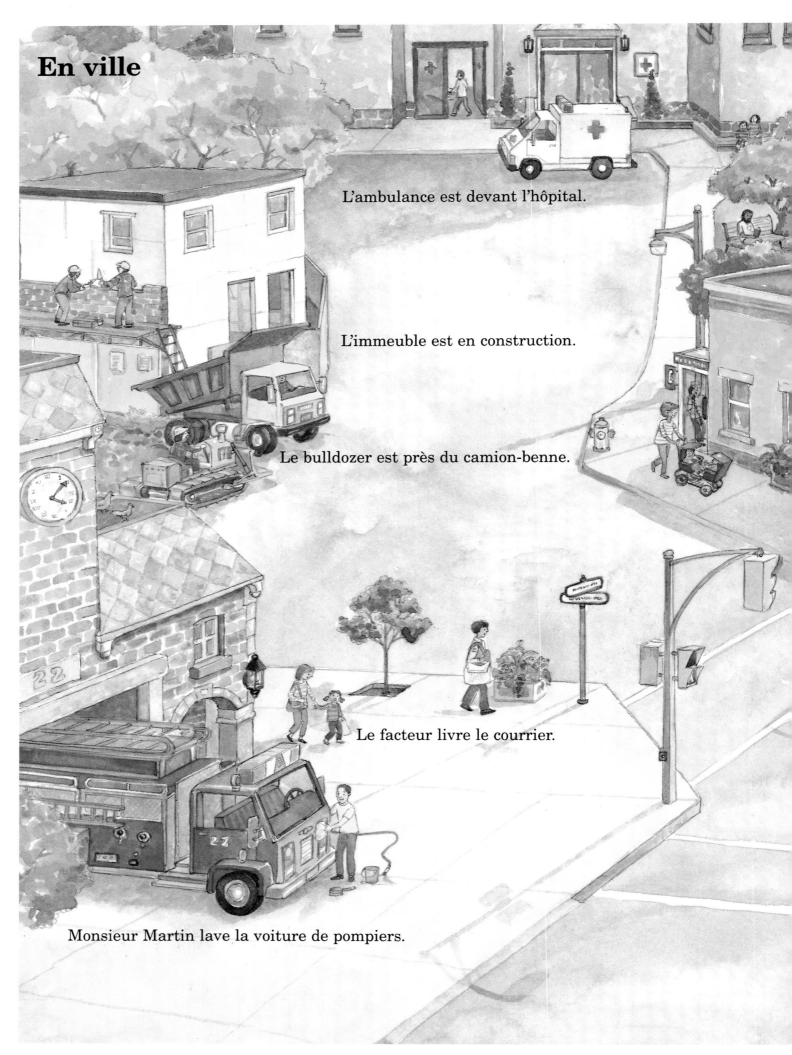

L'ambulance est devant l'hôpital.

L'immeuble est en construction.

Le bulldozer est près du camion-benne.

Le facteur livre le courrier.

Monsieur Martin lave la voiture de pompiers.

Le parc est derrière le cinéma.

L'épicerie fait face à la station-service.

La voiture de police est devant la banque.

La bibliothèque est fermée.

Rose et Miko traversent la rue.

La motocyclette s'arrête au feu rouge.

Les tables sont à l'extérieur du café.

À la plage

La famille est en vacances.

Il fait frais sous les arbres.

Madame Martin met de la crème solaire sur Rose.

Jordan porte un chapeau de soleil.

Rose porte un maillot de bain.

Rose et **Jordan** font des châteaux de sable.

Le soleil brille.

Voilà un voilier.

Il fait chaud aujourd'hui.

Miko nage vers les canards.

Monsieur Martin porte un T-shirt et un short.

La pelle et le seau sont dans le sable.

Une fin de semaine à la campagne

Le veau court vers sa mère.

Les cochons sont dans la boue.

Rose et Miko jouent dans la grange.

Le père de Rose conduit le tracteur.

Le coq et les poules sont dans la basse-cour.

Jordan transporte des œufs frais.

La vache broute l'herbe.

Les moutons sont dans le champ.

Le pommier est près de la clôture.

Le cheval mange de l'avoine.

Les jumelles portent des salopettes.

Oncle Michel peint la niche.

Tante Maria est assise sur la véranda.

Le samedi après-midi

Tout le monde se détend dans le salon.

Voici des photos de la famille.

Monsieur Martin lit le journal.

C'est ton tour!

Les cousins jouent aux cartes.

Oncle Michel tire les rideaux.

Madame Martin joue du piano.

La fenêtre est ouverte.

Non, c'est le tour de Paulette.

Miko se cache sous le banc.

Tante Maria tricote de petites chaussettes.

La laine est sur le sofa.

Bon appétit!

C'est l'heure du dîner au restaurant.

Où est ta fourchette, Marie-Paule?

Je ne sais pas.

Jordan a soif.

Il boit un grand lait frappé.

Rose a faim.

Elle mange du poisson, une salade et des frites.

La salle de jeux

Le globe terrestre est sur la bibliothèque.

Le service à thé est sur la table.

Miko aime la maison de poupée.

Rose et Paulette jouent aux échecs.

Marie-Paule joue avec le train.

L'ours en peluche porte des lunettes de soleil.

Les jeux sont dans le placard.

La poupée est dans le berceau.

La voiture est sous la glissoire.

L'avion est dans le coffre à jouets.

Jordan monte sur le cheval à bascule.

Il porte un chapeau de cow-boy.

Bonne nuit!

C'est l'heure du coucher.

Marie-Paule et Paulette dorment.

Le réveil est sur la commode.

Marie-Paule fait un câlin à son lapin.

Rose est fatiguée.

Elle porte son pyjama.

Rose déroule le sac de couchage.

Jordan est dans la salle de bains.

Il y a deux lits dans la chambre à coucher.

Il se brosse les dents.

Il se regarde dans le miroir.

Madame Martin range les vêtements.

Miko dort dans la valise.

Liste de mots

Voici, en ordre alphabétique, une liste des mots et des locutions qui apparaissent dans ce livre. Nous avons indiqué entre parenthèses m. pour mot masculin, f. pour mot féminin et v. pour verbe. Les chiffres indiquent le numéro des pages où vous trouverez ces mots. Nous vous donnons aussi la conjugaison du présent de l'indicatif pour quelques verbes.

Verbes

Avoir
j'ai
tu as
il/elle a
nous avons
vous avez
ils/elles ont

Être
je suis
tu es
il/elle est
nous sommes
vous êtes
ils/elles sont

Aller
je vais
tu vas
il/elle va
nous allons
vous allez
ils/elles vont

Courir
je cours
tu cours
il/elle court
nous courons
vous courez
ils/elles courent

Faire
je fais
tu fais
il/elle fait
nous faisons
vous faites
ils/elles font

Finir
je finis
tu finis
il/elle finit
nous finissons
vous finissez
ils/elles finissent

Jouer
je joue
tu joues
il/elle joue
nous jouons
vous jouez
ils/elles jouent

Manger
je mange
tu manges
il/elle mange
nous mangeons
vous mangez
ils/elles mangent

Prendre
je prends
tu prends
il/elle prend
nous prenons
vous prenez
ils/elles prennent

Vouloir
je veux
tu veux
il/elle veut
nous voulons
vous voulez
ils/elles veulent